Wolfgang Metternich

Die JUSTINUS-KIRCHE zu Höchst am Main

Ein Bauwerk von nationaler Bedeutung

Im Verlag Waldemar Kramer Frankfurt am Main

Die Justinus-Kirche zu Höchst am Main:
e. Bauwerk von nationaler Bedeutung/
[Text: Wolfgang Metternich].
— Frankfurt am Main: Kramer, 1987.
ISBN 3-7829-0352-8
NE: Metternich, Wolfgang [Bearb.]

Bildnachweis

Adolf Helfenbein: 8
Stefan Köser: 7, 27, 29, 35, 37, 41, 45, 47, 49, 56, 57, 65, 75
Wolfgang Metternich: 10, 11, 12, 13, 64, 70, 78, 93
Dr. Bert Wilden: 17, 25, 31, 39, 51, 59, 61, 67, 73, 79
Diözesanarchiv Limburg: 88, 90
Foto Marburg: 15
Verein für Geschichte und Altertumskunde
Frankfurt am Main-Höchst: 9, 10, 82, 83, 84, 85, 86, 87, 89
Werksfotos Hoechst AG: 19, 21, 23, 24, 34, 44, 72, 81, 91, 92
Titelfotos: Stefan Köser
Werksfoto Hoechst AG

ISBN 3-7829-0352-8
Einbandentwurf: Adolf Helfenbein
Lithos: Meisenbach Riffarth & Co. — Bruns & Stauff GmbH in Berlin
Satz, Druck und Einband: W. Kramer & Co. Druckerei-GmbH in Frankfurt am Main

Zum Geleit

Die Justinuskirche in Frankfurt am Main-Höchst, das älteste Bauwerk der Stadt, hat zum zweitenmal in diesem Jahrhundert ihr Erscheinungsbild gewandelt. Die Stiftergemeinschaft Justinuskirche hat sich die Erhaltung und Pflege der Kirche mit ihrer kostbaren Ausstattung zur Aufgabe gemacht. Zahlreiche Spender haben durch ihre Gaben und durch ihre Anteilnahme an den Geschicken des Gotteshaus zu dessen Erhalt beigetragen. Zusammen mit dem Bistum Limburg haben auch die öffentliche Hand, der Bund, das Land Hessen, die Stadt Frankfurt und besonders die Hoechst AG ihren Beitrag zur Wiederherstellung der Justinuskirche geleistet.

Der nun vorgelegte Bildband zeigt die Kirche in ihrem alten und neuen Gewand. Zugleich ist er ein Dank an all diejenigen, die die Restaurierung der Kirche mit ihrem Engagement betrieben und durch ihre Spenden gefördert haben. Mit ihnen wünschen wir der Justinuskirche in Höchst in ihrem zweiten Jahrtausend, daß sie auch für kommende Generationen ein Ort der Andacht und Zeugnis der Kunst aus vielen Jahrhunderten sein möge.

Oberbürgermeister von
Frankfurt am Main

Vorsitzender des Kuratoriums der
Stiftergemeinschaft Justinuskirche

Mitglied des Vorstandes
der Hoechst AG

stv. Vorsitzender des Kuratoriums der
Stiftergemeinschaft Justinuskirche

Der Heilige Bekenner Justinus konnte, als er im Rom des 2. Jahrhunderts nach Christi Geburt dem Märtyrertod entgegenging, sicher nicht ahnen, daß sein Grab einmal weit entfernt von seiner sonnigen Heimat Italien zum Ursprung einer großen Kirche und die Keimzelle einer heute weltweit bekannten Stadt werden würde. Die verehrten Gebeine des Heiligen sind schon seit Jahrhunderten verschollen, von seinem Grab wissen wir nur wenig mehr als die ungefähre Lage in der Kirche. Das Bauwerk jedoch, das ein weitblickender Kirchenfürst als Behausung für St. Justinus errichten ließ, steht nach mehr als einem Jahrtausend nahezu unversehrt auf seinem hohen Platz über dem Main. Um die Kirche herum wuchs das Dorf Höchst, gründete man im 14. Jahrhundert die Stadt. Fischer und Händler sahen den Bau von ihren Schiffen und Booten auf dem Fluß, Bauern und Handwerker der Siedlung beteten vor seinen Altären. Industrie und moderne Gewerbe hielten Einzug und prägten Siedlung und

Landschaft. Doch noch immer betritt man nach dem Öffnen der Kirchentür eine für den heutigen Menschen scheinbar versunkene Welt, den Bereich des Heiligen, der Frömmigkeit und der Andacht, die Welt des Hl. Justinus.
Dem Mittelalter waren das Heilige und das Alltägliche keine Gegensätze. Die Feste der Heiligen im Kirchenjahr bestimmten den Lebensrhythmus, Profanes konnte in der Kirche verhandelt, die Andacht zuhause oder auf dem Feld verrichtet werden. Der Kirchenbau wurde sogar als Mittel der großen Politik genutzt. Auch dafür steht die Justinuskirche als Beispiel. Mit dem Bau der Justinuskirche zwischen 830 und 850 verrichtete Erzbischof Otgar von Mainz nicht nur ein Werk der Frömmigkeit, als er aus den Katakomben Roms den

Leib des hl. Justinus mit nach Deutschland brachte. Mit der in ihrer Zeit gewaltigen Kirche bei einigen verstreuten Bauernhöfen schuf er die Keimzelle für das heute blühende Gemeinwesen Höchst und erwarb zugleich Herrschaftsrechte an dem aufstrebenden Ort, den seine Nachfolger auf dem Mainzer Bischofsthron bis 1803 zu ihrem Territorium zählten.
Die Gestalt der von Otgars Nachfolger, dem Praeceptor Germaniae und Mainzer Erzbischof Rhabanus Maurus geweihten Kirche steht uns, trotz späterer Anbauten, noch heute gut vor Augen. Sind auch die Apsiden verschwunden, so geben das Langhaus und zwei der ehemals drei vorhandenen Altarräume eine gute Vorstellung von dem frühmittelalterlichen Kirchenraum. Gleichwohl ist es nicht mehr das Erscheinungsbild des 9. Jahrhunderts. Es fehlen die von Rhabanus Maurus beschriebenen Altäre, es fehlt die Farbe. Mittelalterliche Kirchenräume waren bunt, sie lebten von der Farbe. Wandmalerei, farbig gefaßte Architekturglieder, Wandbehänge und Altardekoration unter vielfacher Ver-

Kapitell des 8. Jahrhunderts aus S. Salvatore, Brescia, Italien

wendung von kostbarem Material wie Gold und Edelstein boten sich reicher Pracht dem Auge.

Dennoch ist die karolingische Kirche heute nicht arm an Schmuck. Ihre einzigartigen Kapitelle machen sie zu einem weltweit beachteten Bauwerk. Zugleich belegt der Kapitellschmuck der Justinuskirche die weit über Deutschland und Mitteleuropa hinausreichenden Beziehungen, die der Erbauer, Erzbischof Otgar von Mainz, zu seiner Zeit einer der bedeutendsten Fürsten im Reich der Nachfolger Karls des Großen, bis in ferne Länder unterhielt.

Die Form der Kapitelle ist korinthisch. Kapitelle in der Art der Justinuskirche, wohl proportioniert und mit den charakteristischen dicken Blättern, kennt schon die römische Antike. Sie finden sich noch heute in der ganzen, ehemals römischen Welt. Die Wiederaufnahme dieser antiken, imperialen Kapitellform in der Justinuskirche bezeugt nichts weniger, als den Geist der seit Karl dem Großen verkündeten »renovatio imperii romani« — die Erneuerung des römi-

Kapitell des 5. Jahrhunderts aus Tiqzirt, Algerien

Kapitell und Kämpfer des 6. Jahrhunderts aus Sardes, Türkei

schen Reiches — auch in dem Höchster Kirchenbau des Erzbischofs Otgar. Die feinsten Kapitelle dieser Art finden sich im Aachener Kaiserdom. Dort allerdings sind sie als originale Stücke von ravennatischen Tempeln der römischen Antike übernommen. Aus Fulda, Lorsch und Corvey kennen wir den Höchstern gleichrangige Stücke des 9. Jahrhunderts. Die weiteste Verbreitung hatte diese Art von Kapitellen jedoch im Mittelmeerraum, wo wir sie von Spanien bis Palästina, von Nordafrika bis an den Alpenrand vorfinden. Was wir dort jedoch in Ruinen und an völlig umgestalteten Kirchenbauten als Rest antreffen, ist in Höchst in einzigartiger Qualität und Vollständigkeit erhalten. Die Seltenheit dieser Kapitellreihen findet ihre Entsprechung in der besonderen Form der darübersitzenden Kämpfer. Diese sind eine rein byzantinische Bauform, die sich außerhalb des griechischen Bereiches nur noch in Ravenna und Venedig findet. Man muß sehr weit reisen, bis in die lydische Hauptstadt Sardes in der heutigen Türkei, wo einst der sagenhaft reiche Krösus residierte, um

Stücke von gleicher Art und Qualität zu finden. Dennoch sind sie von heimischen Handwerkern aus dem besten Gestein der Gebirge von Koblenz bis Kaiserslautern kunstvoll zugehauen worden. Die uns so dunklen Zeiten des frühen Mittelalters werden uns am Beispiel der Justinuskirche erhellt.
Eine Kirche ist als Haus Gottes der stetigen Wandlung unterworfen. Auch die Vorstellungswelt der Gläubigen ändert sich mit dem unterschiedlichen Denken der Zeit. Die Architektur als Abbild dieses Denkens findet zu neuen Formen, das Innere der Kirche wird nach dem Geschmack der Zeit ausgestattet. Hinzu kommt die natürliche Alterung von Gegenständen aus vergänglichem Material. Es gibt keinen alten, noch so gut erhaltenen Kirchenbau, in dem nicht spätere Generationen Zeugnisse ihrer Art der Nutzung hinterlassen hätten.
Die Justinuskirche in Höchst ist hierin keine Ausnahme. Gerade ihre heutige Ausstattung zeigt, wie sie durch die Tätigkeit vieler Generationen in Jahrhunderten gewachsen ist. Der Wandel ist stetig, nur selten zeigt eine Jahreszahl am

Bauwerk einen neuen Zeitabschnitt an. Oft sind es Altäre und Grabdenkmäler, Bilder und Statuen, die ein Bauwerk allmählich bereichern. In Höchst allerdings gibt der hohe, im 15. Jahrhundert der karolingischen Kirche angefügte Chor Auskunft über eine umfassende Veränderung der Kirche in dieser Zeit. Nach der Erhebung des Dorfes Höchst zur Stadt 1355 war es in der alten karolingischen Pfarrkirche etwas eng geworden, zumal die Gemeinde sich die Kirche seit 1090 mit den Benediktinern einer Propstei des Klosters St. Alban in Mainz teilen mußte. 1441 übernahmen Chorherren aus dem Orden der Antoniter das alte Albanskloster und entfalteten bis 1803 eine segensreiche Tätigkeit in Höchst. Die Antoniter benötigten mehr Platz für sich und ihre Klostergäste. Auch war ihnen der frühmittelalterliche Bau wohl zu armselig. Der neue, hochaufragende Chor sollte nur der Auftakt zur Neuerrichtung der ganzen Kirche im reichen Stil der Spätgotik sein. Finanzielle Probleme verhinderten zum Glück für uns Heutige den Abriß des alten Bauwerks, doch der Chor gibt Zeug-

nis von den Absichten seiner Erbauer. Gleichzeitig mit ihm wurden auch die Kapellen der Nordseite vollendet. Sie waren der Ersatz für die der Gemeinde teilweise entzogene Kirche.
Die weitreichenden Beziehungen der Antoniter heben die Justinuskirche auch im Spätmittelalter aus der Gebundenheit in einen lokalen Kunstkreis heraus. So wie das frühe Mittelalter Italien und den Mittelmeerraum befruchtend auf die karolingische Justinuskirche einwirken sah, so waren es nun Frankreich und mehr noch der oberrheinische Raum, die auf die Kunstwerke der Justinuskirche Einfluß nahmen. Die Antoniter hatten ihr Mutterhaus in Didier-de-la-Motte in Südfrankreich, ihr wohl bekanntestes Ordenshaus war Isenheim im Elsaß, in dem zwei Generationen nach dem Höchster Kirchenbau der weltberühmte Altar des Matthias Grünewald entstand. Die Beziehungen zwischen Höchst und Isenheim waren eng, kein Wunder, wenn dies an den Kunstwerken des 15. Jahrhunderts in der Justinuskirche ablesbar ist.

Hl. Antonius vom Isenheimer Altar, Colmar, Frankreich

Kein Zweifel, die berühmte Sitzfigur des hl. Antonius Abbas im Schrein des Isenheimer Altares erinnert sehr an den hl. Antonius aus Höchst, der ihm um ein Menschenalter vorausgeht. Die gleiche Strenge und Würde in Blick und Haltung des Eremiten und Heiligen, die übereinstimmende Fülle im Faltenwurf des Gewandes, desgleichen Abtsstab und Regelbuch als Abzeichen des Ordensvaters. Es gehörte zum Ordensbrauch der Antoniter, ihren Heiligen auf dem Hochaltar sitzend in der Mitte der Ordensgemeinschaft zu haben.
Die gemeinsame oberrheinische Herkunft des Höchster und des Isenheimer Antonius ist unverkennbar. Das gilt auch für das zweite bedeutende Werk des 15. Jahrhunderts, den Kreuzaltar von 1485. Der in leuchtenden Farben gemalte Flügelaltar zeigt sich in seiner großen Mitteltafel völlig von den Vorlagen des in Colmar im Elsaß ansässigen Malers Martin Schongauer geprägt. Schongauer war der berühmteste Künstler seiner Zeit in Deutschland, verehrt und bewundert auch von dem jungen Albrecht Dürer. Die seiner Bildwelt entnommenen

Gestalten auf dem Höchster Kreuzaltar belegen, daß den Antonitern für ihre Kirche das Beste gerade gut genug war.

Wenngleich der Kirchenbau der Antoniter des 15. Jahrhunderts nie nach deren Vorstellungen vollendet wurde — finanzielle Probleme, die Reformation und der Niedergang des Hauses trugen dazu bei —, so haben sie uns doch in ihrer Kirchenausstattung, selbst in dem wenigen, was davon übrig ist, eindrucksvolle Beispiele ihrer Frömmigkeit und Kunst hinterlassen. Zu ihren weitgespannten künstlerischen Beziehungen gesellten sich in der Justinuskirche die hochrangigen Beispiele heimischer Kunst. Das Chorgestühl, erst jüngst in alter Pracht wiedererstanden, findet sein Gegenstück in der Valentinskirche zu Kiedrich im Rheingau.

Nach Mainz, in das Zentrum des Kurstaates und des alten Reiches führen uns die herrlichen Barockaltäre und die Orgel der Justinuskirche. Der Hochaltar des Johannes Wieß und die Orgel des Johannes Onimus, im zweiten Viertel des 18. Jahrhunderts in Mainz entstanden, sind heute die Pole des Kirchenraumes und führen uns die Lebensfreude des Barock vor Augen. Die erst später aus dem Kloster Gottesthal im Rheingau dazugekommenen Seitenaltäre runden ebenso wie die strahlenden Kronleuchter in der Art des 17. Jahrhunderts das Gesamtbild des Kirchenraumes harmonisch ab.

Die Justinuskirche ist ein Bauwerk von nationaler Bedeutung. Auch außerhalb der Grenzen Deutschlands finden sich in ihrer Art nur wenige Kirchen von so ehrwürdigem Alter und solcher Geschlossenheit in den Zutaten zahlloser Generationen. Die Dome am Rhein, die Kathedralen Frankreichs und die vielen, durch Alter und Ruhm bedeutenden Kirchen Italiens und des Mittelmeerraumes müssen nicht mit konkurrierend vergleichenden Augen betrachtet werden. Wie die Edelsteine eines kostbaren Schmucks wetteifernd miteinander dem ganzen Geschmeide seinen strahlenden Glanz verleihen, so ist die Justinuskirche in Höchst mit vielen anderen eine besonders hell leuchtende Perle in der christlichen Kultur des Abendlandes.

Der Blick vom Schiff in den Chor läßt mehr als elf Jahrhunderte am Auge des Betrachters vorüberziehen. Hier noch das frühmittelalterliche Langhaus, dessen erdverbundene Säulen die Gleichförmigkeit und Ruhe des allseits umschlossenen Kirchenraumes betonen. Dort der hochaufragende, lichtdurchflutete Chor mit dem theatralischen Barock des Hochaltares. Der säulenbestandene, an eine antike Prachtstraße erinnernde Weg vom Schiff zum Chor endet an der triumphalen Schauwand des Altares, dessen Skulpturen und Bilddarstellungen dem Gläubigen den Weg zum Heil weisen. An kaum einem anderen Standort wird die in einem Jahrtausend gewachsene Einheit des Kirchenraumes so deutlich, wie hier.

Die Orgel, von 1736 bis 1740 erbaut, ist im Langhaus das Gegenstück zum barocken Hochaltar im Chor. Im Klang und in ihrer Gestalt darf das ursprünglich von Meister Johannes Onimus aus Mainz errichtete Werk heute zu den besonderen Kostbarkeiten in der Kirche gerechnet werden. Der Prospekt blieb durch zweieinhalb Jahrhunderte nahezu unverändert, am Pfeifenmaterial und am Klang hinterließen die Zeiten nach vielen Umbauten manche Schäden. Nach umfangreicher Wiederherstellung erklingt sie nun, in ihrer Klangfarbe gegenüber der Erbauungszeit noch bereichert, wieder zur Ehre Gottes und der Freude der Kirchenbesucher. Mäzenatentum hat der Kirche eines ihrer schönsten Kunstwerke zurückgegeben.

Kapitell und Kämpfer in der Justinuskirche bilden eine ästhetische und struktive Einheit. Zentimetergenau in ihren Proportionen aufeinander bezogen, vermitteln sie zwischen der schlank aufragenden Säule und der Last der Arkade und Hochschiffwand. Das Vorbild der römischen Antike, der durch die Kaiserkrönung Karls des Großen zu Rom an Weihnachten des Jahres 800 wiederbelebten imperialen Idee, bestimmt die Form des korinthischen Kapitells. Der Kämpfer mit dem fein gereihten Blattmuster ist der von Konstantinopel geprägten byzantinischen Welt entnommen. Die Kapitelle und Kämpfer der Justinuskirche belegen, wie gegenwärtig den führenden Schichten im Reich Karls des Großen die Idee der antiken römischen Kaisermacht noch immer war.

Die Langhausarkaden aus Säulen, Kapitellen und Kämpfern mit den weitgespannten Bögen darüber gehören zu den schönsten Anblicken, die ein frühmittelalterlicher Kirchenraum in Europa zu bieten vermag. Eine unnachahmliche Mischung aus Würde und Eleganz, Gleichförmigkeit, Ruhe und fortwährender Belebung durch das wechselnde Licht kennzeichnet diese Meisterwerke karolingischer Kunst. Der tektonisch logische Aufbau von der tragenden Säule über das aufblühende Kapitell, den entlastenden Kämpfer bis zur leicht darüber schwingenden Arkade findet seine Entsprechung in der künstlerischen Durcharbeitung. Das aus dem Seitenschiff einfallende Licht modelliert zusätzlich die plastischen Elemente und läßt in abgestufter Intensität immer neue Eindrücke zu.

Der Chorbau der Antoniter aus der Mitte des 15. Jahrhunderts prägt die Kirche in unterschiedlicher Weise. Nach Süden, über dem Fluß und der Stadtmauer aufragend, hebt sich seine hohe Silhouette wirkungsvoll gegen das frühmittelalterlich niedrige Langhaus ab. Die Stadtseite jedoch zeigt eine monumentale Schauwand, mit feinem Gefühl für Proportionen in einen Bezug zu der niedrigen Bebauung und den engen Gassen ihrer näheren Umgebung gesetzt. Bei aller Größe bewahrt der Chorbau auch im Nähertreten die Eleganz seiner Formen. »Fern jeder Provinzialität« hat man das Werk der Frankfurter Dombauhütte in der Nachfolge Madern Gertheners eingeschätzt, ein Eindruck, der sich jeden Tag aufs Neue bestätigt.

Lichtsymbolik und Raumerlebnis sind seit der Frühzeit des Kirchenbaus untrennbar miteinander verbunden. Das Licht steht für Christus, der durch seine Auferstehung die Welt erleuchtet und die Mächte der Finsternis vertreibt. In der spätantiken Welt des Christentums ließen goldglänzende Mosaiken und liturgische Geräte den Kirchenraum im mystischen Halbdunkel aufleuchten. In der Gotik des Mittelalters wurden die Kirchen mit ihren farbigen Fenstern zu gläsernen Schreinen, die ganz aus Licht gebaut schienen. Der strahlenden, von außen eindringenden Helligkeit entsprechen die zahllosen Kerzen und Leuchter des Innern. In ihrem Zusammenwirken löst sich die Architektur auf, die Kirche wird erst eigentlich zum vergeistigten Sakralraum.

Die Darstellung der Kreuzigung am Hochaltar ist in ihrem Charakter der barocken Theaterkunst verwandt. Christus am Kreuz, von Schmerz erfüllt, Maria, Johannes und die frommen Frauen entsprechen dem Text der Passion. Aus dem Leid der Dargestellten wird jedoch im Zusammenhang der barocken Altararchitektur der Triumph der Auferstehung. Die hll. Joseph und Augustinus werden zu Zeugen des Heilgeschehens. Die Kirchenpatronin Margarete versinnbildlicht mit ihrer Lanze den Sieg über die Mächte der Finsternis. Die klare Dreiteilung des Altares von unten nach oben und zu den Seiten ist Ausdruck der über dem Altar im Strahlenkranz sichtbaren Heiligen Dreifaltigkeit. Der barocke Altar ist nicht mehr nur Ort der Eucharistiefeier des Priesters, in seiner Symbolik wird der göttliche Heilsplan sichtbar gemacht.

Der Heilige Augustinus darf unter die Ordensväter der Antoniter gezählt werden. Nach den von ihm aufgestellten Regeln des Zusammenlebens regelte die Chorherrengemeinschaft der Antoniter ihren Tagesablauf. Der Kirchenvater bestimmte nicht nur das Leben der Antoniter und anderer Chorherrengemeinschaften, er war an der Schwelle von der römischen Antike zum Mittelalter auch eine der das Mittelalter und die Zukunft Europas bestimmenden Gestalten. Die Statue des Frankfurter Bildhauers Uhrwercker zeigt ihn als Bischof und Kirchenschriftsteller mit Schreibfeder und Buch.

33

Das Ewige Licht an der Südseite des Chores dürfte im 19. Jahrhundert in die Kirche gekommen sein. Die genaue Entstehungszeit des schlichten, nicht kunstlosen Silbergefäßes ist unbekannt. Es zeugt heute von der ununterbrochenen Feier des Gottesdienstes in der Justinuskirche seit der Weihe durch den Mainzer Erzbischof und Praeceptor Germaniae, Rhabanus Maurus um 850. Allein diese Tatsache schon macht die Justinuskirche zu einem bemerkenswerten Bauwerk. Können doch nur wenige Bauwerke in Europa von so ehrwürdigem Alter auf eine so lange Feier der Eucharistie in nahezu unveränderter Umgebung zurückblicken.

Der Heilige Antonius Eremita vom Chorgestühl erinnert uns ein weiteres Mal an die enge Verbundenheit der Antoniterchorherren mit ihrem Ordensheiligen. Seine Gewandung und seine Insignien sind die gleichen wie am Portal und an der Statue vom ehemaligen Hochaltar. Über dem einfachen Mönchskleid trägt er den Chormantel und eine Kappe. Abtsstab und Regelbuch kennzeichnen ihn als Vater des Ordens. Die herrliche Schnitzarbeit am Chorgestühl hat dessen Beschädigungen seit dem 15. Jahrhundert unversehrt überdauert. Seit neuester Zeit zeigt sie sich in dem detailgetreu wiederhergestellten Gestühl wieder in dem ihr gemäßen Rahmen.

37

Der Heilige Paulus von Theben am Chorgestühl tritt als dessen Gefährte in der Regel gemeinsam mit dem hl. Antonius Eremita auf. In zahlreichen Antoniterkirchen bilden beide ein unzertrennliches Paar, so auch in Höchst. Paulus lebte im 4. Jahrhundert zusammen mit Antonius als Eremit in der ägyptischen Wüste. Während ihrer gemeinsamen theologischen Betrachtungen wurden sie vom Himmel gespeist. Von Paulus von Theben wird berichtet, er sei mit einem Gewand aus Palmblättern bekleidet gewesen. Der Bildschnitzer des 15. Jahrhunderts hatte freilich noch nie eine Palme gesehen, weshalb Paulus mit einem Eichenblättergewand dargestellt ist. Diese freie Interpretation des unbekannten Künstlers aus dem 15. Jahrhundert mindert sein Werk nicht. Das Bild schaut heute, nach der Wiederherstellung des Chorgestühls, wieder von seinem alten Platz auf den Hochaltar, das geistige Zentrum der Kirche.

Ein barockes Vortragekreuz steht heute meist neben dem Kriegergedächtnisaltar im Chor. Er gehört zu dem wenigen, was von der beweglichen Ausstattung früherer Zeiten geblieben ist. Dennoch wirkt es nicht als verlorenes Einzelstück. Noch immer ist dem Kirchenraum genug von seinem einstigen Schmuck, seiner früheren Stimmung geblieben, um dem Kreuz auch heute noch seine besondere Wirkung zu belassen.

INRI

Das Licht der Fenster und der Kronleuchter im Chor vermitteln dem Kirchenbesucher immer neue Eindrücke. Bei Tage geben die Butzenscheiben der schönen, maßwerkgeschmückten Chorfenster dem Kirchenraum ein weiches, gleichmäßiges Licht. Vom Zeitpunkt der Dämmerung an verleiht ein warmes, dennoch hell strahlendes Kerzenlicht dem Raum eine stimmungsvolle Atmosphäre. Es kommt von der flämischen Krone, die, in vollendeter Handwerkskunst nach alter Tradition gefertigt, dem Chor und dem Kirchenschiff ihr altes Erscheinungsbild zurückgeben.

Spätgotisches Maßwerk in den reifen Formen des 15. Jahrhunderts findet sich in immer neuen Varianten am Chor und in den Fenstern der Langhauskapellen. Die harmonische Einheit des von weitem gesehenen Bauwerks löst sich in der spielerischen Vielfalt der Einzelformen auf. Die Farben tragen zu der malerischen Wirkung bei. Das Rot der aus Sandstein gearbeiteten Fensterprofile konstrastiert mit dem metallischen Glanz der neuen, bleigefaßten Butzenfenster, alles umrahmt vom wechselnden Grün der um die Kirche stehenden Bäume. Gerade die Details an der Kirche überraschen den Betrachter immer wieder aufs neue.

Das Kirchenfenster ist nicht einfach Lichtquelle für den Kirchenraum und Schutz vor den Unbilden der Witterung. Es trennt den sakralen Kirchenraum von der unruhigen profanen Welt. Zugleich ruft es im Kirchenbesucher Gedanken ganz anderer Art hervor. Die Außenwelt ist entrückt, sie erscheint als Schemen in gedämpftem Licht. Auch ihre Geräusche dringen nur wie von weit her ins Kircheninnere. Das Licht jedoch, das vielfach gebrochen und verwandelt von außen in den Kirchenraum dringt, gibt diesem eine ganz eigentümliche Atmosphäre. Es spielt über Altären und Denkmälern, hebt hier ein kostbares Stück hervor und läßt andere im mystischen Dunkel. Was wie eine einfache schmucklose Fensteröffnung aussieht, wird zum gestaltenden Element des Kirchenraumes.

Überraschende Durchblicke gewährt die Justinuskirche von zahlreichen Standorten. Immer wieder besticht die harmonische Einheit in der Vielfalt der in Jahrhunderten in der Kirche zusammengetragenen Ausstattung. Selbst wo sich auf so engem Raum der barocke Marienaltar und die Kanzel des Empire zwischen den karolingischen Säulen zu drängen scheinen, vermag jedes der Kunstwerke seine Wirkung ungeschmälert zu entfalten. Das Licht der Fenster wetteifert mit dem der flämischen Leuchter um die schönsten Effekte im Kirchenraum.

Barocke Putti vom Marienaltar lenken die Aufmerksamkeit wieder auf die Welt des lebensfrohen Barock. Schwellende Formen, die reichliche Verwendung von Gold und die Kindergesichter der kleinen Engel sollen jedoch nicht darüber hinwegtäuschen, daß in dieser Zeit selbst die kleine Form des Kunstwerks ihre feste Funktion hat. Die Mondsichel zu Füßen der Madonna steht für die Überwindung des Bösen am Ende der Zeiten, die kleinen Engel inmitten der wolkenhaft sich drehenden Voluten symbolisieren den Himmel, dessen Königin Maria ist.

Ein spielender Putto auf dem Marienaltar weist dem sich in einzelnen Betrachtungen verlierenden Kirchenbesucher den Weg zurück zum eigentlichen Ziel seines Weges, zum Altar. Das ernste Anliegen des so spielerisch leichten, manchmal theatralischen Barock wird sichtbar. Das Auge des Gläubigen wird durch die Pracht der Farben und Formen eingefangen und unmerklich vom Rande zur Mitte geführt, zur Darstellung des Heilsgeschehens. Die Ansprache der Sinne ist der Barockkunst nicht verweltlichter Selbstzweck. Sie ist ein Mittel, um den naiven und unbedarften Gläubigen die Heilsbotschaft nahe zu bringen.

Die Pieta vom Altar der schmerzhaften Mutter ist das Gegenstück zur Madonna des Barockaltares im Südseitenschiff. Dort zeigt sie sich als Himmelskönigin mit der Krone auf dem Haupt und von Sternen umgeben. Hier ist sie ganz die von Schmerz erfüllte Mutter, die ihren Sohn verloren hat. Die barocke Bildwelt des 18. Jahrhunderts vermochte dem Menschen die ganze Dimension des Heilsgeschehens in einprägsamen Bildern nahe zu bringen. So wie sich der leidende Mensch hier in seinem Schmerz mit dem Leid der Gottesmutter identifizieren konnte, so schöpfte er dort Hoffnung auf eine Erlösung durch die Fürbitte der Himmelskönigin am Ende der Zeiten.

Das Lamm Gottes im Schlußstein der Sakristei bezeugt deren ehemalige Verwendung als Kapelle zum Heiligen Kreuz. Zeigt der benachbarte Schlußstein noch die Leidenswerkzeuge als Zeichen des Opfertodes Christi, so ist hier der siegreich auferstandene Erlöser mit dem Kelch des Heils, mit Kreuz und Siegesfahne dargestellt. Das Gold des Lammes ist die Farbe des Himmels, der Nimbus bezeichnet das Erlösungswerk als vollbracht. Die um 1432 erbaute Kapelle diente bis zum Chorbau 1441 dem Frühgottesdienst, erst dann wurde sie im Zuge der Antoniterumbauten aufgegeben und diente fortan als Sakristei.

Das Nordportal der Justinuskirche sollte einmal der prächtige Haupteingang einer im spätgotischen Stil völlig neuerbauten Kirche werden. Dazu ist es nie gekommen. Nicht zuletzt deshalb ist das Portal aus der schlichten Nordfront der Kirche wirkungsvoll herausgehoben. Als Meisterwerk der Frankfurter Schule des 15. Jahrhunderts zeigt es sich erst im Abendlicht. Das feine Relief der Portalwand, die plastische Durcharbeitung der lebensgroßen Figuren treten erst im Spiel der letzten Sonnenstrahlen des Tages hervor. Paulus von Theben und Antonius der Große begrüßen als die beliebtesten Ordensheiligen der Antoniter den Besucher. Wirkungsvoll sind der karge Eremit Paulus und der reicher gestaltete Ordensvater Antonius gegeneinander abgesetzt. Das Nordportal der Justinuskirche zählt zu den wenig beachteten Meisterwerken der mittelrheinischen Kunst.

Die Sitzfigur des Hl. Antonius strahlt Ruhe, Strenge und Würde aus. Sie hatte bis 1724 ihren Platz auf dem Hochaltar im Chor und mußte erst dem barocken Altarbau weichen. Bei Vollendung des im 15. Jahrhundert geplanten Werkes wäre sie in einem Schrein der lebensgroße Mittelpunkt eines prächtig gemalten Flügelaltares, vergleichbar dem Isenheimer Altar des Matthias Grünewald, geworden. Geldmangel ließ ein solches Werk in Höchst nicht zur Ausführung kommen. Nur die in feinster Schnitzarbeit ausgeführte Sitzfigur eines unbekannten Wormser Künstlers erinnert in Höchst an den hohen künstlerischen Anspruch der Antonitermönche.

Das Wappen der Antoniter war ursprünglich nur das schlichte T-Kreuz. Es versinnbildlicht ebenso das Kreuz Christi, wie es auch an die Krücken der verkrüppelten, der Pflege der Antoniter anvertrauten Kranken erinnert. Der große Verehrer des Hl. Antonius Eremita, Kaiser Maximilian I., fügte 1502 dem Wappen den Reichsadler hinzu. Es geschah dies in der großen Zeit des Antoniterordens in Deutschland, als sich die Mönche der Pflege der unheilbar vom Ergotismus, dem »Antoniusfeuer« befallenen Kranken widmeten. Das um 1740 entstandene Wappen hat seinen Platz am oberen Abschluß der Orgel.

T

Kaiser Heraklios mit seinem Gefolge bringt das heilige Kreuz Christi nach Jerusalem zurück. Die Seitenflügel des 1485 entstandenen Kreuzaltares von der Hand eines unbekannten Meisters erzählen in ihrer volksnahen Art die Legenden von der Auffindung und der Rückführung des heiligen Kreuzes. Der byzantinische Kaiser Heraklios trägt barfuß und eigenhändig das von den Persern im 7. Jahrhundert geraubte Kreuz in die heilige Stadt zurück. Die Personen auf dem Bild tragen die zeitgenössische Tracht des 15. Jahrhunderts, was dem damaligen Betrachter den Zugang zum Thema des Bildes erleichterte.

Die würfelnden Soldaten unter dem Kreuz Christi auf der Mitteltafel des Kreuzaltares sind allesamt nach Vorlagen des berühmten Meisters Martin Schongauer aus Colmar gemalt. Auch auf diesem Bild tragen die Personen die zeitgenössische Tracht der Landsknechte des 15. Jahrhunderts. Nur die gelbe Kopfbedeckung des Mannes in der Bildmitte, eine Mischung zwischen Turban und spitzem Judenhut belehrt den Zuschauer über die räumliche und zeitliche Entfernung des Geschehens. Von Martin Schongauer sind zahlreiche Studien von Orientalen mit Turban überliefert. Der Höchster Kreuzaltar eines uns unbekannten Meisters ist ein Gradmesser für die hohe Wertschätzung Schongauers auch weit von seiner elsässischen Heimat entfernt.

Der Heilige Johannes vom Jüngsten Gericht über dem Bogen am Ostabschluß des Mittelschiffes tritt schemenhaft als eine der verbliebenen Gestalten des 15. Jahrhunderts in der Kirche hervor. Die Malerei mit Christus als Weltenrichter und den Heiligen Maria und Johannes ergab einst einen Sinnzusammenhang mit dem darunterstehenden Kreuzaltar. Unten das Heilsgeschehen auf Golgatha, darüber die Vision des Endgerichts mit der Auferstehung der erlösten Seelen. Nur noch einige räumlich getrennte Fragmente sind der Kirche von dem bildhaften, in der Kirche erlebbaren Heilsplan geblieben. Der Stifter des Bildes war um 1485 der Antoniterpräzeptor Johann von Collick. In seinem Namenspatron stellte er sowohl seinen himmlischen Fürbitter wie auch sich selbst, um Aufnahme in den Himmel bittend, dar.

Die blattgeschmückten Gewölberippen zeigen die Schmuckfreude des Mittelalters auch am kleinen Detail. Wie die Säulen mit ihren blattgeschmückten Kapitellen wurden auch die Gewölberippen oft als vegetabiles Element im Kirchenbau empfunden. Durch sie und ihren Blattschmuck stellt sich die Kirche als ein organisch gewachsenes Ganzes dar. Zugleich erinnern die Weinblätter an den Linien des Gewölbes an das Gleichnis Christi: »Ich bin der Weinstock, ihr seid die Reben«.

Ein Engel vom Grabmal des Domherren Konrad Hofmann weist diesen durch die Schriftrolle als gelehrten geistlichen Herrn aus. Zugleich ist der Engel mit der Schriftrolle das Symbol des Evangelisten Matthäus, dessen Zeichen mit denen der anderen Evangelisten die Ecken der Grabplatte füllt. Das 1527 entstandene Grabmal des Mainzer Domherren gehört in den Umkreis der berühmten Mainzer Bildhauerschule des Hans Backoffen. Seine noch etwas eckigen, aber voll entwickelten Renaissanceformen belassen der Struktur des Steins ihre lebendige Wirkung und machten schon in der Entstehungszeit jede Bemalung entbehrlich.

Die Votivtafel an der Nordmauer der Justinuskirche erfreut sich nur selten der Aufmerksamkeit der Besucher. Der Bäckermeister Balthasar Gärtner aus einer alteingesessenen Höchster Familie ließ sie im Jahre 1706 anbringen. Die Tafel ist der letzte sichtbare Hinweis auf den zu beiden Seiten der Kirche gelegenen ältesten Friedhof von Höchst. Auf der Südseite, zwischen Kirche und Stadtmauer, fanden die Antoniter ihre letzte Ruhestätte. Viel älter, vermutlich so alt wie die karolingische Kirche, ist der Friedhof des Dorfes und der Stadt Höchst unter dem heutigen Kirchplatz. Noch immer liegen hier Generationen von Höchstern aus allen Perioden seiner Geschichte bestattet. Der Friedhof wurde erst 1810 aufgelassen.

IESU CHRISTI
ICH BALTAS
NER IN HÖCHST
MACHEN LASSEN

Der Heilige Geist in der Kanzel erleuchtet den Prediger und gibt ihm die Kraft, Gottes Wort zu verkünden. So wie das Pfingstwunder in Jerusalem den Aposteln die Gabe verlieh, die Lehren der Heiligen Schrift allen Völkern in ihrer Sprache mitzuteilen, so steht der Heilige Geist für die Macht der göttlichen Botschaft. Noch ganz in den Formen des ausgegangenen Barock lebt die 1812 entstandene Schnitzerei des Höchster Schreinermeisters Adam Appel von dem bildhaften Ausdruck der vergangenen Jahrhunderte. Mit der Kanzel fand die Ausstattung der Kirche zu einer Zeit ihren Abschluß, als schon die Vorboten des neuen, diesseits orientierten Zeitalters allenthalben sichtbar waren.

Die Wahrzeichen von Höchst, Schloßturm und Justinuskirche, prägen als unverwechselbares Paar seit Jahrhunderten die Mainfront. Der bis auf einen Dachreiter turmlose Sakralbau mit dem hochaufragenden Chor findet in dem schlanken, kuppelbekrönten Schloßturm seine Entsprechung. Kirchliche und weltliche Gewalt stehen nebeneinander, sie geben in ihren Symbolen Auskunft über das Wesen der untergegangenen feudalen Welt. Aber noch immer markieren beide Ursprung und Mittelpunkt der Stadt Höchst, deren Name in anderem Zusammenhang heute Weltgeltung hat.

Nach der Säkularisation, der Auflösung aller geistlichen Staaten und der meisten Klöster in Deutschland im Jahre 1803, wandelte die Justinuskirche ihr Erscheinungsbild, ohne sich von Grund auf zu verändern. Dem Orden der Antoniter, der im 18. Jahrhundert der Kirche noch einmal eine umfassende Neugestaltung hatte angedeihen lassen, war in den letzten Jahrzehnten des Mainzer Kurstaates der Nachwuchs ausgeblieben. Seine Kraft war dahin. Die Aufhebung des Klosters vollzog nur, was der Geist der Zeit ohnehin bewirkt hätte. Mit der französischen Revolution, den napoleonischen Kriegen und der Neuordnung Europas auf dem Wiener Kongreß zog eine neue Zeit herauf. Das Feudalzeitalter war zu Ende und nach einer Atempause in der ersten Hälfte des neuen Jahrhunderts setzte das beginnende Industriezeitalter neue Maßstäbe. Gerade das Schicksal von Höchst und das Werden der weltweit bekannten Hoechst AG im Bannkreis der Justinuskirche legen hiervon beredtes Zeugnis ab. Die Zeitläufe hinterließen in der Justinuskirche ihre markanten Spuren.

Nach der Aufhebung des Klosters wurde die Justinuskirche alleinige Pfarrkirche von Höchst. So wie die nunmehrige nassauische Amtsstadt mit bescheidenem finanziellen Aufwand ihren Verpflichtungen nachkommen mußte, so war auch die Kirchengemeinde nicht mit reichen irdischen Gütern gesegnet. Das Kirchenvermögen war an den nassauischen Staat gefallen. Diesem oblag zwar nun die Unterhaltung des Bauwerks und die Besoldung des Pfarrers, für die Kosten und die Pflege der Innenausstattung, Altäre, Leuchter, Schmuck und Bestuhlung, hatte die Gemeinde selbst Sorge zu tragen. Da waren die beiden herrlichen Barockaltäre aus dem aufgehobenen Kloster Gottesthal bei Oestrich im Rheingau, die der nassauischen Domänenfiskus der Kirche im Jahre 1812 zuwies, eine sehr willkommene Gabe. Zugleich ersetzten sie ältere, nunmehr abgeräumte Altäre, die dem vermehrten Raumbedürfnis der wachsenden Gemeinde weichen mußten. Auch der Lettner, der Kloster und Gemeindekirche bis dahin getrennt hatte, verschwand, und mit ihm der Kreuzaltar, dessen Tafeln

erst nach schwerem Schicksal und langen Irrwegen wieder einen würdigen Platz in der Kirche finden sollten. Die Kanzel von 1812 bezeichnet noch heute seinen ehemaligen Platz. Auch das ganze 19. Jahrhundert hindurch versuchte die Gemeinde redlich, die Kirche in einem würdigen Zustand zu halten. Am äußeren Erscheinungsbild änderte sich nichts. Das Innere sah eine bescheidene Ausmalung, wenige neue Altäre und eine Beleuchtung durch gläserne Lüster unter den Arkaden. Die Orgel wurde durch den Mainzer Orgelbauer Bernhard Dreymann umgebaut und neu intoniert. Kleinere Reparaturen ergänzten die Maßnahmen und vermehrten die Bequemlichkeit der Kirchenbesucher. All dies wurde mit den geringen Mitteln der Gemeinde, durch private Stiftungen und auch einige freiwillige Beiträge der staatlichen Organe des Herzogtums

Nassau finanziert. Für größere Anstrengungen zur Erhaltung der Kirche war kein Raum.
Erst am Ende des Jahrhunderts — das Herzogtum Nassau war längst im Königreich Preußen aufgegangen — machten sich die Schäden an der Kirche in unübersehbarer Weise bemerkbar. Der hohe Chor war schon seit einem Erdbeben 1523 schwer beschädigt und hatte längst sein schönes Rippengewölbe eingebüßt. Nun mußte er erneut in seiner Standfestigkeit gesichert werden. Auch die Orgel verschlang einmal mehr eine große Summe Geldes. Mit Pfarrer Emil Siering verwaltete jedoch ein Mann sein Amt, der seine ganze Energie in den

Dienst der Kirchengemeinde stellte. Ihm verdanken Höchst und Unterliederbach ihre neuen Pfarrkirchen und die Justinuskirche eine umfassende Schönheitsreparatur. Wenn auch nicht all seine Maßnahmen an der Justinuskirche heute unseren ungeteilten Beifall finden, so kamen doch ungeahnte Schätze ans Licht. Unter dem Putz fand man die Darstellung des Jüngsten Gerichts auf dem Triumphbogen am Ende des Langhauses. Angeregt durch diesen Fund wagte man sogar eine Neuausmalung der Kirche, bei der sich der Höchster Maler August Gottschalk besonders betätigte. Man wollte nichts weniger, als an die figürliche und dekorative Ausmalung des 15. und vielleicht des 9. Jahrhunderts

anzuknüpfen. Szenen aus dem Leben der in der Kirche verehrten Heiligen, aber auch aus der sagenhaften Geschichte von Höchst sollten die Wände schmücken. Weniges wurde vollendet, der Tod Pfarrer Sierings unterbrach das begonnene Werk.

Was bis dahin jedoch erreicht war, verdient zunächst, im Anspruch an die Seite der Maßnahmen des 15. und 18. Jahrhunderts in der Kirche gestellt zu werden. Die Säulen erglänzten in Stuckmarmor, Ornamente, die schon den Jugendstil erahnen lassen, zierten Arkaden und Seitenschiffe. Vier Barockstatuen von Heiligen waren der Kirche aus dem Bolongaropalast geschenkt worden. Sie wurden durch vier weitere Figuren im Stil des Historismus ergänzt und über den Säulen im Mittelschiff aufgestellt. Weitere, aus der Kirche überkommene Statuen und Gemälde fanden eine neue, dekorative Aufstellung im Kirchenraum. Pfarrer Siering selbst hatte einige neue, farbig gefaßte Fenster gestiftet, die Gemeinde fügte weitere hinzu. Nur die qualvolle Enge des Kirchengestühls war nicht behoben worden, da Pfarrer Siering die Weihe der neuen, von ihm erkämpften St. Josefskirche nicht mehr erlebte. Erst nach deren Fertigstellung hätte man in der alten Justinuskirche Platz schaffen können. Der frühe Tod Pfarrer Sierings ließ die Kirche erst einmal in einen Dornröschenschlaf sinken.

IHS

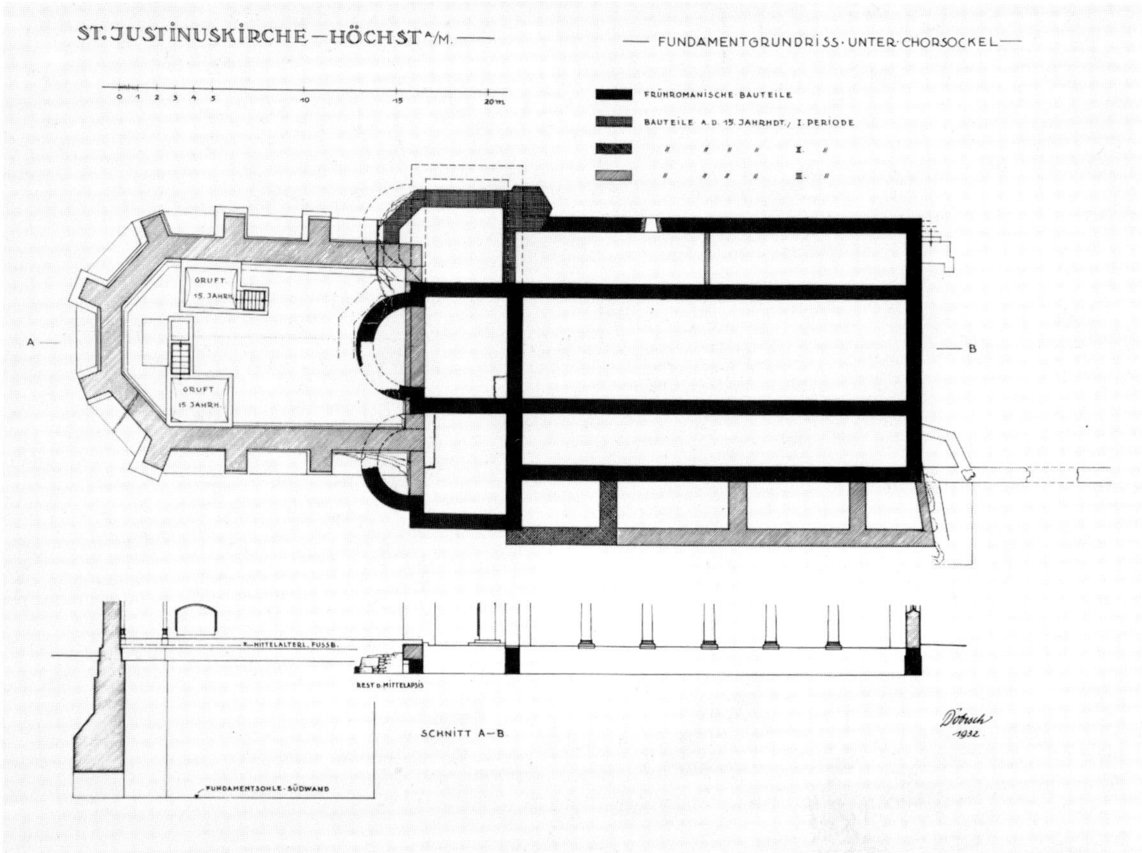

Der 1. Weltkrieg verhinderte anschließend die fälligen Pflegemaßnahmen. Erst nachdem die schwersten Zeiten der Zwanziger Jahre überstanden waren, besann man sich in Höchst wieder auf den desolaten Zustand der Justinuskirche. Die Arbeiten unter Pfarrer Emil Siering waren Schönheitsreparaturen gewesen. Das mindert die Leistung seiner Generation in keiner Weise. Dennoch hatte gerade der neue Schmuck der Kirche am Ausgang des 19. Jahrhunderts die schweren Schäden eher verdeckt als behoben. Eine Bestandsaufnahme von den Grundmauern auf zeigte nun, daß die Justinuskirche zu Beginn unseres Jahrhunderts fast vom Einsturz bedroht war. Die Arbeiten wurden ab 1926 zügig in Angriff genommen. Ein willkommenes Nebenergebnis der Fundament-

und Maueruntersuchungen waren die Klärung der Baugeschichte der Kirche und der Nachweis der noch im Boden vorhandenen Apsiden der karolingischen Kirche. Das Bauwerk ging nun im gleichen Maße seiner Sanierung entgegen wie es auch Gegenstand eingehender wissenschaftlicher Betrachtung wurde.
Die Renovierungsarbeiten fanden starken Widerhall in der Öffentlichkeit. Nicht nur die Höchster besannen sich auf ihre Kirche, auch weit über die Grenzen der Stadt hinaus fand das Bauwerk nun vermehrte Beachtung. Die öffentliche Erörterung der Maßnahmen brachte auch einige wunderliche Ideen hervor. Unter diesen wurde der geplante Anbau eines gotischen Turmes Gegenstand heftiger Kontroversen und auch die völlige Barockisierung des Chores war im 20. Jahrhundert sicherlich nicht mehr zeitgemäß. An Dach und Mauerwerk wurde jedoch tatkräftig begonnen.
Unter der Leitung des Preußischen Staatsbauamtes in Bad Homburg ging man

planmäßig zu Werk. Allerdings stand die Sicherung der Mauern im Vordergrund, den Altären, der Orgel und der übrigen Ausstattung schenkte man nur geringes Interesse. Man beschnitt sogar die Orgel in ihrer Wirkung um, wie man glaubte, die »reine« frühmittelalterliche Architektur in ihrer Raumwir-

kung besser zur Geltung zu bringen. Anderes wurde, obgleich von hoher Qualität, ersatzlos beseitigt. Auf diese Weise verschwand die Ausmalung von 1894, aber auch die flämischen Kronleuchter des Kirchenschiffs fanden den Weg zum Schrottplatz. Rückblickend sind solche Maßnahmen heute nur verständlich, wenn man weiß, daß die Kirche nach fast zwei Jahrhunderten unzureichender Pflege in den Zwanziger Jahren einen düsteren und wenig ansehnlichen Eindruck machte. Insbesondere ließ die seit 400 Jahren bestehende provisorische Bretterdecke des Chores den herrlichen barocken Hochaltar nicht zur Geltung kommen.

Die umfassende Sanierung begleitete eine bescheidene Neuausstattung. Der neue Tabernakel und einiges Altargerät konnten allerdings nicht alle Verluste und Versäumnisse bei der Renovierung bis 1932 ausgleichen. Am Ende der Arbeiten war zu erkennen, daß die Justinuskirche als Bauwerk für die kommenden Generationen gesichert war. Die Risse in den Mauern waren geschlossen,

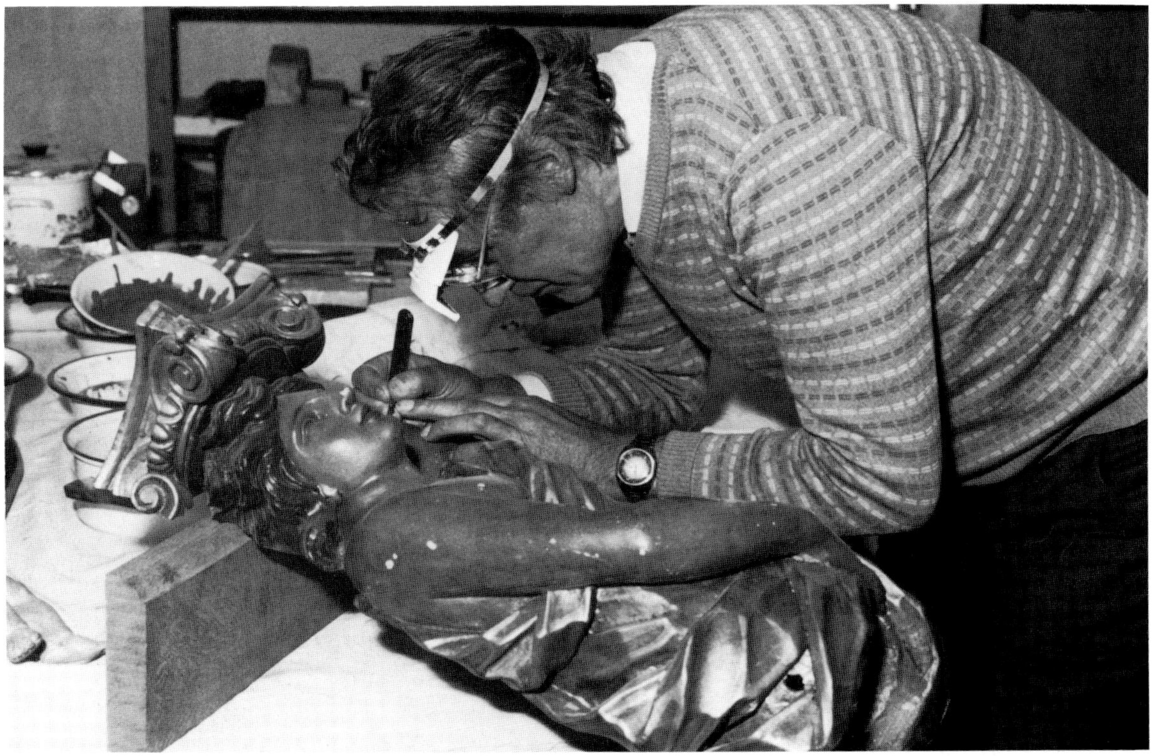

neue Dächer und Fenster trotzten erfolgreich den Unbilden der Witterung. Im Chor verband ein schlichtes Gewölbe in harmonischer Weise Spätgotik und Barock. Dennoch war ein schwerer Eingriff in das in Jahrhunderten gewachsene Bild der Kirche zu bemerken. Die Verantwortlichen für die Restaurierung hatten sich einseitig für das Herausstellen des frühmittelalterlichen Bildes der Architektur entschieden. Die Ausstattung war demgegenüber als geringwertig angesehen worden. Das lichte Grau der Wände ließ jede Farbe vermissen. Vieles, Leuchter, Grabdenkmäler und Statuen von künstlerischem Rang wurde aus der Kirche entfernt, anderes in seiner Wirkung zurückgeschnitten. Die Renovierung von 1930—32 war in ihrer einseitigen Betonung der Architektur vom Geist des 19. Jahrhunderts geprägt. Für die Zukunft blieben noch große Aufgaben offen.

Es währte fast fünfzig Jahre, bis erneut Handwerker an der Justinuskirche tätig wurden. Anfang und Mitte der siebziger Jahre erhielt die Kirche ihr heutiges Farbkleid. Der neue Glanz übertrug sich indessen nicht auf die Ausstattung des Kirchenraumes. Es wurde 1983, bis aus Anlaß einer Spende der Hoechst AG zur Wiederherstellung des Kreuzaltares der desolate Zustand der ganzen Kircheneinrichtung offenkundig wurde.
Endlich besann man sich auf das Kircheninnere. Erhard Bouillon, Mitglied des Vorstandes der Hoechst AG, gab das Startsignal zur Gründung eines einzigartigen Vereines, der Stiftergemeinschaft Justinuskirche. Geld sollte gesammelt

werden, viel Geld, denn die Kosten zur Reparatur der Schäden in der Justinuskirche schienen unermeßlich. Die Hoechst AG ging durch namhafte Spenden mit gutem Beispiel voran. Aber die Spendenaufrufe fanden einen breiten Widerhall. Die Anhänglichkeit der Höchster an ihre Pfarrkirche drückte sich in zahlreichen Beiträgen und ideenreichen Aktionen zugunsten der Kirche aus. Spenden von weither und öffentlichen Institutionen anerkannten den bedeutenden Rang der Justinuskirche. Der Elan trug die Restaurierungsmaßnahmen. Vieles konnte in neuem Glanz wiederhergestellt werden, anderes, was für immer verloren schien, kam in die Kirche zurück. Nach dem Kreuzaltar und dem barocken Marienaltar wurde in einem Bündel von Maßnahmen zuerst dem Chor ein einheitliches Raumbild zurückgegeben. Zahlreiche Spenden hatten die dringend erforderliche Restaurierung des Hochaltares ermöglicht. Eine große Spende der Hoechst AG gestattete dann den Einbau neuer Fenster mit echten Butzenscheiben, die Rekonstruktion des Chorgestühls, die Konservierung des Altarbildes und die Anschaffung des flämischen Kronleuchters. Eine neue farbige Raumfassung rundete das Bild ab. Zusehends bekam der Kirchenraum seine in den Zeiten gewachsene Einheit zurück. Ein Höhepunkt in dem Bündel der Maßnahmen war die Wiederherstellung der Orgel, ein Geschenk der Hoechst AG zu deren 125jährigem Jubiläum an Höchst. Sie ist das Werk der renommierten Schweizer Orgelbaufirma Kuhn. Mit ihr kam zum neuen Bild auch der Klang in die Kirche zurück. Am Ende unseres Jahrhunderts zeigt sich die Justinuskirche für kommende Generationen, für das nächste Jahrtausend gut gerüstet.

Daten zur Geschichte der Kirche

850 Erzbischof Rhabanus Maurus von Mainz weiht die von Erzbischof Otgar um 830 begonnene Kirche (Dendrochronologie 850 ± 8 Jahre).

1090 Benediktiner des Kloster St. Alban in Mainz kommen an die Kirche. Sie teilen sich den Raum mit der Gemeinde.

1298 Die Reliquien des Hl. Justinus werden der Kirche entnommen und nach Mainz gebracht. Neue Kirchenpatronin ist bis heute die Hl. Margarete.

1419 Das Höchster Benediktinerkloster wird aufgehoben. Die Justinuskirche ist wieder ausschließlich Pfarrkirche.

1441 Kirche und altes Kloster werden an den Antoniterorden gegeben. Beginn des Chorbaus. Die Gemeinde behält das Schiff und die neuen Kapellen.

1485 Der Kreuzaltar und die Figur des hl. Antonius beschließen die Ausstattung der Kirche.

1523 Im neuen Chor muß das Kreuzrippengewölbe wegen Setzungen der Mauern herausgenommen werden.

1726 Der in Mainz erbaute Hochaltar des Johannes Wieß wird im Chor aufgestellt.

1740 Nach vierjähriger Arbeit erklingt zum erstenmal die neue Barockorgel des Mainzer Meisters Johann Onimus in der Kirche.

1802 Noch vor der offiziellen Verkündigung des Reichsdeputationshauptschlusses wird das Höchster Antoniterkloster aufgehoben.

1894 Nach mehrjährigen Bemühungen von Pfarrer Emil Siering glänzt die Kirche im Schmuck neuer Ausmalung.

1932 Nach einer umfassenden Wiederherstellung der Mauern und Dächer wird die Kirche dem Gottesdienst zurückgegeben.

1983 Gründung der »Stiftergemeinschaft Justinuskirche«. Beginn einer umfassenden Wiederherstellung der Ausstattung der Kirche.

1988 Mit den ersten Klängen der neuen Orgel feiert die Gemeinde den Abschluß der Restaurierungsarbeiten.

Ausgewählte Literatur

F. H. Müller: Über die Architektur der alten Kirche zu Höchst am Main. Nassauische Annalen 2, 1837, 73-80.

E. Siering: Die Justinuskirche zu Höchst. Höchst 1890.

K. Becker: Grabungsergebnisse bei der St. Justinuskirche in Höchst a. M. Zeitschrift für Denkmalpflege 1, 1927, 104-107.

W. Scriba: Der karolingisch-romanische Bau der Justinuskirche in Höchst am Main, Frankfurt 1930.

E. Stiehl: Die karolingische Säulenbasilika (Justinuskirche) in Höchst. Die Denkmalpflege 1931, 52-61.

W. Dobisch: Die Wiederherstellung der Justinuskirche in Höchst. Die Denkmalpflege 1932, 128-135.

L. Hensler: St. Justinuskirche Höchst. Frankfurt 1932.

J. Rauch: Geschichte des Antoniterhauses Rossdorf-Höchst. Archiv für mittelrheinische Kirchengeschichte 11, 1959, 76-159.

R. Schäfer: Bestattungen in der Justinuskirche zu Höchst am Main. Höchster Geschichtshefte 13, 1968.

R. Schäfer: Die Kirche St. Justinus in Höchst am Main. Höchster Geschichtshefte 18/19, 1973.

W. Metternich: Justinuskirche Frankfurt/Höchst. Kirchenführer. München 1980.

W. Metternich: Neue Erkenntnisse zum Bau der karolingischen Kirche St. Justinus in Höchst am Main. Nassauische Annalen 96, 1985, 109-124.

W. Metternich: Die Justinuskirche in Frankfurt am Main-Höchst. Schriften des Museums für Vor- und Frühgeschichte Bd. 9. Frankfurt 1986.

W. Metternich: Katalog: Im Wandel der Generationen. Ausstattung und Restaurierung der Justinuskirche in den letzten Jahrhunderten. Frankfurt 1986.

Dieser Bildband entstand mit freundlicher Unterstützung
der Stiftergemeinschaft Justinuskirche und der Hoechst AG.